PRÉJUDICE

CAUSÉ

PAR LA FAUTE DE FONCTIONNAIRES PUBLICS

OU

LETTRES

AU MINISTRE DE L'INTÉRIEUR

SUR

LA RESPONSABILITÉ DE L'ÉTAT

PAR

P. BISTON

AVOCAT A LA COUR D'APPEL

PARIS

TYPOGRAPHIE GEORGES CHAMEROT

19, RUE DES SAINTS-PÈRES, 19

1878

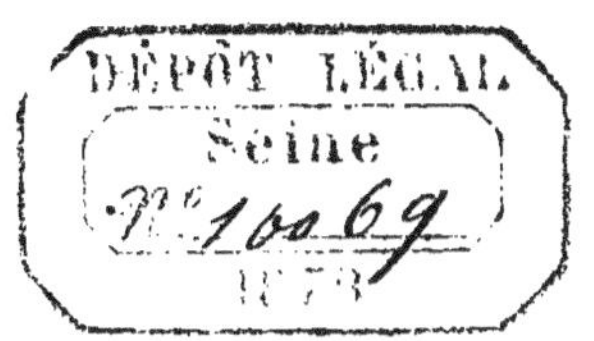

PRÉJUDICE

CAUSÉ

PAR LA FAUTE DE FONCTIONNAIRES PUBLICS

PRÉJUDICE

CAUSÉ

PAR LA FAUTE DE FONCTIONNAIRES PUBLICS

OU

LETTRES

AU MINISTRE DE L'INTÉRIEUR

SUR

LA RESPONSABILITÉ DE L'ÉTAT

PAR

P. BISTON

AVOCAT A LA COUR D'APPEL

PARIS

TYPOGRAPHIE GEORGES CHAMEROT

19, RUE DES SAINTS-PÈRES, 19

1878

PRÉJUDICE

CAUSÉ

PAR LA FAUTE DE FONCTIONNAIRES PUBLICS

OU

LETTRES

AU MINISTRE DE L'INTÉRIEUR

SUR

LA RESPONSABILITÉ DE L'ÉTAT

Paris, 27 décembre 1877.

MONSIEUR LE MINISTRE,

En 1869, les 23, 24, 25 et 26 mai, j'ai été l'objet, à Châlons-sur-Marne, pendant plusieurs soirées et plusieurs nuits, de manifestations graves, de tentatives criminelles, contre lesquelles l'autorité n'a employé aucun moyen sérieux de répression.

La situation devenant de plus en plus dou-
loureuse et inquiétante pour ma femme et
mes enfants, j'ai dû abandonner un domicile
dans lequel ma famille ne trouvait plus, ni
repos, ni sécurité.

Cette résolution, commandée par le plus
impérieux des devoirs et la force même des
choses, a eu pour résultat de rompre violem-
ment toutes les relations, tous les attache-
ments qui nous retenaient, moi et les miens,
en Champagne, et de compromettre mes plus
chers intérêts.

Mon existence en sera toujours profondé-
ment affectée, et je suis certainement fondé
à demander la réparation des faits déplo-
rables dont j'ai été victime et qui sont de-
meurés impunis.

J'ai résumé ces faits dans ma *Protestation
contre l'inobservation des lois* du 24 juin 1876,
et, par mes *lettres au Garde des Sceaux sur
l'inexécution des lois,* publiées le 29 septembre
de la même année, j'ai prouvé que ceux des
fonctionnaires de Châlons, qui avaient pour
mission d'assurer le maintien du bon ordre

et de la paix publique, s'étaient montrés aussi faibles qu'incapables.

Je vous adresse ces deux *imprimés* dans lesquels vous trouverez les lettres du premier président Gilardin, et de plusieurs officiers supérieurs.

C'est par ces témoignages *écrits* que j'ai imposé silence à ceux qui, suivant l'usage, tentaient, par de faux exposés, la justification de leurs subordonnés.

Ma profession, mes travaux, mes antécédents, m'autorisaient à penser que je pouvais d'abord m'adresser à M. le Garde des Sceaux, pour obtenir la légitime satisfaction à laquelle j'avais droit.

Des hommes éminents, appartenant à tous les partis, depuis M. Littré jusqu'à M. Buffet, ont partagé cette opinion, et, malgré la différence de leurs idées et de leurs principes, ils ont exprimé en ma faveur le même désir de la plus juste des réparations.

Je joins à la présente requête quelques extraits de correspondance qui ne peuvent laisser aucun doute à cet égard.

La Chancellerie me fait attendre, depuis bientôt quatre ans, la satisfaction que je lui ai demandée, bien qu'un sous-secrétaire d'État au ministère de la justice m'ait écrit, le 13 novembre 1874, qu'il *serait heureux de contribuer à réparer les conséquences désastreuses des événements dont j'avais été la victime à Châlons-sur-Marne.*

Si on avait tenu les promesses qui m'ont été faites plusieurs fois, verbalement et par écrit, c'eût été, pour le présent, un acte de justice très-précieux, mais, pour le passé, il est évident que le poste le plus honorable ne pourrait constituer une réparation suffisante du préjudice considérable que j'ai souffert, et dont la faute des fonctionnaires de la ville de Châlons a été la cause directe.

C'est cette juste réparation que je suis forcé de solliciter aujourd'hui près de vous, Monsieur le Ministre, et cela, en m'appuyant sur ce principe qui veut que l'État, *qui emploie les fonctionnaires, qui en use, soit responsable de leurs fautes et de leur incapacité.*

Je me sers ici des propres paroles qu'un de vos honorables prédécesseurs, M. Jules Simon, prononçait à la tribune de l'*Assemblée Nationale*, dans la séance du 15 juin 1875, et je n'y ajouterai qu'un mot.

Ces paroles sont conformes à cette règle de morale et de justice suivant laquelle on est responsable, non seulement du dommage que l'on cause par son propre fait, mais encore de celui qui est causé par le fait des personnes dont on doit répondre.

Or, le fonctionnaire public est le représentant de l'État; ce dernier doit nécessairement répondre du fait de son agent, de celui qui, par sa *faute* et dans l'exercice de sa fonction, a causé du dommage à un citoyen.

S'il en était autrement, il suffirait que le fonctionnaire mourût insolvable, pour faire perdre à la personne lésée par sa faute tout droit à une réparation (1).

____

(1) Le préfet de la Marne, en 1860, était M. X... : sa femme était *séparée de biens*, et les affaires de ce préfet se trouvaient dans un tel état, qu'on ne pouvait pas songer à intenter contre lui une action judiciaire.

Cela serait souverainement injuste, et il faut ajouter que, si les gouvernements changent fréquemment dans un pays sujet aux révolutions comme le nôtre, la responsabilité de l'État demeure et survit pour ainsi dire aux fonctionnaires qui ont été successivement investis de l'autorité publique.

Je suis donc fondé, en 1877, comme en 1869, à invoquer contre l'État les dispositions des articles 1382 et suivants du Code Civil, et ce, pour obtenir la réparation des faits désastreux qui ont été la cause de la mort de ma femme, de la perte d'une partie de mon patrimoine et de celle de ma profession.

Je suis père de famille, j'ai des devoirs à remplir, et la nécessité me contraint à défendre mon droit, mes intérêts et ceux de mes enfants, par tous les moyens que la loi met à ma disposition.

Je demande donc à l'État, c'est-à-dire à ses représentants actuels, et je vous prie de m'accorder, Monsieur le Ministre, *cent mille francs* d'indemnité.

Je suis d'ailleurs prêt à justifier le chiffre

de ma demande, et en attendant, je vous serai obligé de vouloir bien m'en faire accuser réception.

Je suis avec un profond respect, Monsieur le Ministre,

Votre très-humble et obéissant serviteur,

P. BISTON,

Avocat à la Cour d'appel.

AU MÊME.

Paris, 15 janvier 1878.

Monsieur le Ministre,

J'ai eu l'honneur de vous adresser, le 27 décembre 1877, une lettre par laquelle je demande une indemnité, en réparation du grave préjudice qui m'a été causé par la faute des fonctionnaires de la ville de Châlons-sur-Marne.

Aujourd'hui je vous remets les deux *imprimés* qui sont comme le commentaire nécessaire de cette lettre : 1° *ma protestation contre l'inobservation des lois,* 2° *mes lettres au Garde des Sceaux sur l'inexécution des lois.*

J'ajoute une nouvelle preuve à toutes celles que j'ai déjà fournies et qui établissent, d'une manière incontestable, ce que furent, sous l'Empire, l'incapacité et la faiblesse des fonctionnaires de la ville de Châlons-sur-Marne.

Je trouve cette preuve dans une lettre que le percepteur des contributions de cette dernière ville m'adressait peu de temps après les événements qui m'ont contraint à quitter mon pays natal.

Ce fonctionnaire de l'administration des *finances*, qui par conséquent n'était pas chargé de faire respecter les lois qui garantissent la sécurité des citoyens, était néanmoins bien placé pour pouvoir juger la conduite de ceux qui avaient cette mission, et qui auraient dû nous protéger, ma femme, mes enfants et moi-même, contre d'injustes violences.

Voici ce que le percepteur de Châlons, le digne frère d'un colonel qui s'est illustré à Reichshofen, m'écrivait le 11 septembre 1869 :

Je me demande comment, à Châlons, il n'a

*pas été possible de vous mettre à l'abri de
certaines menées, et de vous protéger ainsi que
votre famille* (1)?...

Un long temps s'est écoulé depuis que j'ai
été frappé dans toutes mes affections et dans
tous mes intérêts, et vous comprendrez facilement que ma situation n'ait fait qu'empirer
depuis 1869.

Je crois avoir montré assez de patience, et
après avoir cherché dans l'exercice de ma
profession des moyens honorables d'existence,
après avoir attendu pendant quatre ans la réparation qui m'a été promise à la Chancellerie, je me vois obligé de recourir à votre autorité, et je vous prie instamment, Monsieur
le Ministre, de nous épargner, à moi et à mes

(1) L'agitation populaire dont parle le premier président
Gilardin dans sa lettre du 12 octobre 1874 s'est manifestée,
à Châlons-sur-Marne, à l'occasion des dernières élections
générales de l'Empire, au mois de mai 1869.

Il est bon de rappeler ici que les préfets de ce régime
étaient tout-puissants, surtout pendant les périodes électo-
rales, et que les autres fonctionnaires, tenus dans une dé-
pendance presque absolue, ne pouvaient employer la force
publique, même pour faire respecter les lois, sans avoir
obtenu l'autorisation préfectorale.

enfants, par un acte de bonne et prompte
justice, un procès contre l'État, c'est-à-dire
de nouvelles et pénibles épreuves, et de nou-
veaux sacrifices.

Je suis avec un profond respect, Monsieur
le Ministre,

Votre très-humble et obéissant
serviteur,

P. BISTON,

Avocat à la Cour d'appel.

PREUVES.

1° PROCÈS-VERBAUX.

« L'an 1869, le 25 du mois de mai, vers dix heures du matin,

« Nous soussignés Fréchin aîné et Nottré (Jean-Baptiste), tous deux agents de police de la ville de Châlons,

« Certifions qu'à l'heure précitée, étant de service en ville, nous avons été informés par M. Biston (Remy-Joseph-Pierre), avocat, demeurant à Châlons, rue Petite-Étape (1), que dans la nuit du 24 au 25 courant, vers onze heures et demie du soir, plusieurs individus (au nombre de quatre ou cinq environ) avaient lancé des fusées sur la place de la Comédie, près de sa maison, et que ce matin, vers six heures, il avait remarqué que quatre lames d'une persienne avaient été endommagées légèrement par le feu des fusées. Il ajoute qu'il avait trouvé quatre fusées poussées par les lames de deux persiennes, et

____

(1) A quelques pas de la caserne de gendarmerie.

que deux, ayant fait explosion, avaient également noirci la croisée.

« M. Biston nous a remis les quatre fusées que nous avons saisies comme pièces à conviction, et il a déclaré qu'il ne connaissait aucun des individus qu'il venait de nous signaler.

« Nous nous sommes, à cet effet, transportés au domicile de M. Biston et nous avons constaté que quatre lames d'une persienne et le montant d'une croisée avaient été endommagés légèrement par le feu des fusées brûlées (1).

« Toutefois, nous n'avons pu obtenir dans le voisinage aucun renseignement sur les auteurs de ce fait, mais nous continuerons nos investigations.

« De ce que dessus, nous avons dressé le présent procès-verbal pour être adressé à M. le Procureur impérial, et avons signé.

« Fait et clos à Châlons, les jour, mois et an que dessus.

« Les agents de police,

« Signé : NOTTRÉ et FRÉCHIN. »

---

(1) Ces fusées, ainsi introduites entre les persiennes et les fenêtres, me faisaient courir un danger d'autant plus sérieux, que j'habitais une maison qui était construite, comme presque toutes les maisons de Châlons-sur-Marne, en bois et en torchis.

P. B.

« Ce jourd'hui 8 juillet 1869, à dix heures du matin,

« Nous soussigné, DELAUCHE (Jean-Marie), brigadier de gendarmerie à la résidence de Châlons, département de la Marne, revêtu de notre uniforme, et conformément aux ordres de nos chefs ;

« Agissant en vertu d'une lettre de M. le juge d'instruction près le tribunal de première instance de Châlons, en date du 18 juin dernier, laquelle porte de faire des recherches afin de découvrir les auteurs des faits qui font l'objet de la *déposition,* en date du 10 juin dernier, devant M. le juge d'instruction près le tribunal de première instance de Meaux, du sieur Biston (Remy-Joseph-Pierre), avocat, demeurant à Châlons, laquelle nous a été transmise par notre capitaine pour l'exécuter.

« Depuis la réception de la présente lettre, nous avons fait d'actives et continuelles recherches, afin de découvrir les auteurs de ces délits. Nous nous sommes présenté à plusieurs personnes voisines de l'habitation de M. Biston ; mais aucune d'elles n'a *voulu* ou n'a pu nous faire connaître ce que nous cherchions ; cependant, nous étant adressé au sieur Lagarde (Jean), âgé de cinquante-deux ans, *employé à la préfecture* de Châlons et demeurant en cette ville, il nous a déclaré ce qui suit :

« Le 24 mai dernier, vers *minuit,* je sortais de la Cloche d'Or, d'où je venais de servir un repas ; j'étais en habit et proprement vêtu, quand, passant près de l'appartement de M. Biston, avocat à Châlons, je

remarquai cinq ou six individus qui, près des fenêtres dudit appartement, faisaient partir des fusées;
je m'arrêtai pour voir ce qui se passait. L'un d'eux,
me prenant sans doute pour M. Biston, sans pronon-
cer la moindre parole, s'approcha de moi, *la figure
couverte par son mouchoir*, et me saisit à la gorge. Je
lui demandai ce qu'il me voulait; *il reconnut alors
qu'il se trompait*, il me laissa tranquille, ne m'ayant
fait aucun mal. Je rentrai chez moi, et, après avoir
changé de vêtements, je retournai, armé d'un bâton,
à l'endroit où j'avais été attaqué, mais il n'y avait
plus personne; je n'en avais reconnu aucun.

« Quant aux autres faits relatés dans la *déposition*
de M. Biston, nous n'avons pu, malgré nos sérieuses
investigations, ni les constater, ni en découvrir les
auteurs.

« En foi de quoi nous avons dressé le présent
procès-verbal en double expédition; l'une sera adres-
sée à M. le procureur impérial à Châlons, et l'autre
à M. le commandant de gendarmerie de notre arron-
dissement, conformément à l'article 495 du décret
du 1ᵉʳ mars 1854, et avons signé.

« Fait et clos à Châlons les jour, mois et an que
dessus.

« *Signé* : Delauche (1). »

---

(1) Si la tentative d'incendie n'a été constatée que *sur ma demande*, c'est aussi et seulement *sur ma déposition* du 10 juin 1869,
que la gendarmerie a dressé procès-verbal de l'attaque nocturne
dont un *employé de la préfecture* de la Marne avait été l'objet,
par erreur, dans la nuit du 24 mai.

Et les magistrats semblaient ignorer des faits qui étaient de
notoriété publique à Châlons !

P. B.

2° EXTRAITS DE CORRESPONDANCE.

A M. P. BISTON, AVOCAT, A MEAUX (1).

« Châlons, 28 mai 1869.

« Je vous connais assez pour savoir que vous ne vous êtes pas décidé facilement au parti que vous avez pris, et que vous vous êtes rendu à un sentiment bien naturel, le désir d'épargner à madame Biston et à vos chers enfants des émotions trop pénibles.

« J'ai bien ressenti toutes vos anxiétés. . . . . . .

« *Signé* : Eug. PERRIER,

« Maire de Châlons-sur-Marne. »

(1) Les menaces dont j'étais poursuivi en tous lieux, ces cris : *à bas* Biston, *enlevons-le*, poussés sous mes fenêtres, pendant plusieurs soirées, et même pendant la nuit, par des rassemblements tumultueux, et surtout l'inertie de l'autorité supérieure, même après deux tentatives criminelles, m'avaient fait quitter Châlons le 26 mai.

Je m'étais réfugié, avec ma famille, à Meaux où ma femme tomba bientôt malade. Quelques mois après, le 18 novembre 1870, elle mourait à Paris, à l'âge de 43 ans.

P. B.

AU MÊME.

« Lille, 30 septembre 1873.

« Je viens de lire votre brochure : *Comment on respecte la liberté d'écrire en France* avec d'autant plus d'intérêt, que j'étais à Châlons, lorsque vous y avez été victime d'avanies aussi injustes que dégoûtantes...

« Non, mes braves gendarmes n'étaient pas là, car s'il y en avait eu un seul, il aurait certainement arrêté au moins un des délinquants (1).

« Je vous remercie, chèr Monsieur, de m'avoir fourni cette occasion de vous témoigner ma haute estime et ma sympathie.

« Le colonel,
chef de la 3e légion de gendarmerie,
« Signé : BLONDEL. »

(1) Les chefs hiérarchiques des fonctionnaires de Châlons ont tout tenté pour *couvrir* les fautes de leurs subordonnés; ils m'ont même écrit qu'*une démonstration ayant eu lieu contre moi, dans la nuit du 24 au 25 mai 1869, des gendarmes s'étaient rendus aussitôt sur les lieux...*

Et il résulte très-clairement des lettres du colonel Blondel et du général de Susbielle, qu'on n'a pas employé un seul gendarme pour protéger ma femme, mes enfants et moi-même, contre les **manifestations de la force brutale.**

P. B.

AU MÊME.

« Château-de-Marsilly, le 29 octobre 1873.

« Je me rappelle parfaitement les actes regretta-
bles à la suite desquels vous avez cru devoir abandonner Châlons.

« Les faits dont il s'agit auraient nécessité l'emploi
des agents de police et de la gendarmerie avant tout.

« Aux termes des règlements en vigueur, le soin
de les appeler incombait à M. le préfet et à M. le
maire.

« L'autorité militaire ne pouvait intervenir que sur
la réquisition écrite de M. le préfet.

« Aucune démarche de ce genre n'a été faite au-
près de moi. . . . .

« Du reste, je crois que quelques gendarmes auraient suffi pour couper court à la manifestation.

« Le général de division,
« *Signé :* Baron de Susbielle. »

AU MÊME.

« Champollon, 12 octobre 1874.

« Consulté..., je ne pourrais que rendre témoignage de votre parfaite honorabilité et de l'intérêt que peut appeler sur vous une scène d'agitation populaire qui vous a *contraint* à quitter le barreau de province où vous exerciez votre profession (1).

« *Signé :* GILARDIN,

« Premier président de la cour d'appel de Paris. »

(1) Cette *agitation* avait été préparée de longue main par mes adversaires politiques, et ce n'est pas sans raison que Berryer m'écrivait, dès le 8 janvier 1868 :

« Je m'étonne, autant que l'on se peut étonner de quelque chose en ce temps-ci, des singulières péripéties que vous venez de traverser. »

P. B.

AU GARDE DES SCEAUX.

« Paris, 22 janvier 1877.

« Monsieur le ministre et cher collègue,

« M. P. Biston, avocat à la cour d'appel, qui a plaidé avec succès et qui est connu par différents travaux politiques, a eu sa carrière brisée par d'injustes violences dont il fut victime dans sa ville natale (Châlons-sur-Marne), et dont il n'a jamais obtenu *réparation*. . . . .

« Je le recommande à toute votre bienveillance. . .

« *Signé :* E. LITTRÉ (1). »

(1) On trouvera le récit complet des manifestations hostiles dont, suivant l'arrêt de la Cour d'appel de Paris du 19 décembre 1871, j'ai *juste sujet de me plaindre,* et des *menées* qui les ont précédées, dans un opuscule que j'ai publié le 15 novembre de la même année, et qui est intitulé : *Comment on respecte la liberté d'écrire en France.*

P. B.

A M. P. BISTON, AVOCAT A LA COUR D'APPEL.

« Paris, 9 juin 1877.

« Mon cher ancien confrère,

« J'ai recommandé particulièrement votre demande à la bienveillante attention du duc de Broglie, et votre situation à tout son intérêt.

« Espérons que vous touchez enfin au terme de votre trop longue attente.

« Croyez bien, mon cher ancien confrère, à mes sentiments très-distingués et affectueux.

« *Signé :* L. BUFFET (1). »

(1) Après une si longue attente, et après avoir reçu tant de vaines promesses, qui pourrait s'étonner de me voir recourir aux voies de droit pour obtenir justice ? P. B.

Paris. — Typ. G. Chamerot, rue des Saints-Pères, 19. — 7318